Impressum

Früchtepunsch und Blütenpflaster

Text: Katrin Hecker
Coverfotos: Frank Hecker
Fotos: Frank Hecker

Redaktion: Susanne Weisser
Layout: GrafikwerkFreiburg
Repro: Meyle + Müller, Pforzheim
Druck und Bindung: Bilnet Printing, Istanbul

ISBN 978-3-8411-0091-7
Art.-Nr. VB110091

© 2012 Christophorus Verlag GmbH & Co. KG, Freiburg i. Br.
Alle Rechte vorbehalten

www.christophorus-verlag.de

Wir entdecken die Natur

Früchtepunsch
und
Blütenpflaster

velber
kinderbuch

Inhalt

Köstliches & Heilsames aus Blumen, Kräutern und Früchten

Von Frühling bis Herbst lockt die Natur mit duftenden Blüten, würzigen Kräutern und süßen Früchten. Kinder lieben es, an ihnen zu schnuppern, davon zu kosten und daraus Köstliches zu bereiten.

Doch was können wir bedenkenlos ernten, welche Möglichkeiten der Zubereitung gibt es und was ist für unsere Kinder wirklich gesund?

Als Biologen und Eltern zweier Kinder möchten wir Ihnen eine Auswahl unserer erprobten Lieblingsrezepte vorstellen. Ob Gänseblümchenpflaster, Holunderblütenlimo, Wegerichhustensaft oder Kastanienwärmekissen: Wir wünschen Ihnen und Ihren Kindern viel Freude am Entdecken, Sammeln, Kosten und Experimentieren mit den wundervollen Schätzen unserer Natur!

Gänseblümchen – heilsam & köstlich!

Gänseblümchen sind richtige Wunderblumen! Doch nur die wenigsten wissen, wie gesund und lecker sie sind. Als Tee wirken sie gegen Erkältungen, äußerlich aufgetragen helfen sie gegen wunde, juckende Haut. Wir verraten euch die besten Rezepte.

Gänseblümchenbrötchen

Frisch verspeist stärken Gänseblümchen die Abwehrkräfte – und schmecken sogar auf dem Pausenbrot.

▼ Wer traut sich zuerst, Gänseblümchen zu probieren?

IHR BRAUCHT

- 1 Handvoll Gänseblümchen
- ½ Brötchen
- Butter oder Margarine

Erntet Gänseblümchen nur da,
wo keine Tiere laufen oder
spazieren geführt werden!
Vor dem Verzehr immer
gründlich waschen.

▲ Für einen
Wintervorrat
Blüten in einem
luftigen Korb
sammeln und
gut trocknen
lassen.

Frisch vom
Rasen schmeckt's
▼ am besten!

So geht's:
Streut einfach eine Handvoll
frisch geernteter und gewa-
schener Gänseblümchenblüten
auf ein halbes Butterbrötchen.
Mhmmm lecker!

Wunderöl für die Haut

Ein Öl aus Gänseblümchen wirkt Wunder gegen trockene, juckende Haut.

▲ ... und vollständig mit Öl begießen.

▲ Saubere Blüten ins Glas geben ...

IHR BRAUCHT

- 2 Handvoll getrocknete Gänseblümchenblüten
- 1 sauberes, leeres Marmeladenglas
- 250 ml Speiseöl (z. B. Sonnenblumenöl)
- 1 leere, saubere Shampoo-Flasche

So geht's:

Pflückt zwei Handvoll Gänseblümchenblüten und legt sie zum Trocknen auf die Fensterbank. Gebt die getrockneten Blüten in ein sauberes Marmeladenglas und übergießt sie mit dem Öl. Stellt das Glas zwei Wochen lang auf eine Fensterbank und schüttelt es täglich. Nach und nach zieht das Öl die heilsamen Wirkstoffe aus den Gänseblümchen heraus. Gießt das Öl durch ein Sieb in eine leere, gut ausgespülte Shampoo-Flasche. Fertig ist euer Hautöl!

Gänseblümchenpflaster
Das wirkt garantiert! Habt ihr euch die Haut aufgeschürft, so müsst ihr nur einige Gänseblümchen klein hacken oder zwischen zwei Steinen zu einem Brei zerreiben. Durch das Zerkleinern werden sofort die heilsamen Wirkstoffe freigesetzt. Einfach den Brei auf die Haut auftragen und die Wunde wird schnell wieder heilen.

◄ Eine Handvoll Gänseblümchen sammeln ...

◄ ... möglichst fein zerkleinern ...

▲ ... und als heilendes Pflaster auflegen!

Gänseblümchen-Löwenzahn-Pfannkuchen

Mögt ihr Pfannkuchen? Dann probiert doch einmal unseren Frühlingspfannkuchen mit Gänseblümchen und gehackten Löwenzahnblättern. Der ist lecker – und richtig gesund!

IHR BRAUCHT

- 1 Handvoll Gänseblümchenblüten
- 2 Handvoll Löwenzahnblätter
- 1 Tasse Mehl
- 1 ½ Tassen Milch
- 1 Prise Salz
- 1 Teelöffel Sonnenblumenöl
- 1 Ei
- 1 Teelöffel Butter zum Braten
- 1 Pfanne
- 1 Teigkelle

◀ Pflückt Gänseblümchen und Löwenzahnblätter, wascht sie gründlich unter fließendem Wasser und hackt sie klein.

▲ Verrührt Mehl, Milch, Salz, Sonnenblumenöl und das Ei zu einem glatten Teig und fügt zum Schluss die gehackten Wildkräuter hinzu.

▲ Zerlasst die Butter in der Pfanne und gebt ein bis zwei Kellen voll Teig hinein. Bratet euren Pfannkuchen von beiden Seiten, bis er goldgelb ist.

◀ Wenn ihr mögt, dekoriert euren Pfannkuchen noch mit Gänseblümchen. Das sieht hübsch aus und ist sehr gesund!

TIPP

Unser Pfannkuchenrezept funktioniert auch ohne Ei! Wenn ihr es lieber süß mögt, könnt ihr einen Teelöffel Zucker hinzufügen.

Gänseblümchen-Löwenzahn-Salat

Auch Löwenzahn könnt ihr roh verspeisen. Seine jungen Blätter stecken voller Vitamine und wachsen praktisch überall. Wie wäre es mit einem Salat zum Pfannkuchen?

So geht's:

Wascht Blätter und Blüten gründlich und gebt sie in eine Schale. Vermischt den Joghurt mit dem Salz und dem Öl und gießt das Dressing über den Salat. Guten Appetit!

Am besten ▲ schmecken ganz junge Löwenzahnblätter.

IHR BRAUCHT

- 1 Handvoll Gänseblümchen
- 1 Handvoll Löwenzahnblätter
- 2 Esslöffel Naturjoghurt
- etwas Salz
- 1 Teelöffel Sonnenblumenöl

Unterwegs im Kräutergarten

Kennt ihr Zitronenmelisse, Pfefferminze und Lavendel? Das sind drei Kräuter, aus denen ihr leckere Speisen, Tees und Duftkissen herstellen könnt. Probiert selbst aus, wie einfach das geht!

Wo wachsen diese Kräuter?

Ihr bekommt Pfefferminze, Zitronenmelisse und Lavendel von Frühling bis Sommer in jeder Gärtnerei. Ihr könnt sie in ein Gartenbeet pflanzen, doch auch in einem Blumentopf oder Blumenkasten auf dem Balkon gedeihen sie prächtig. Denn alle drei sind sehr anspruchslos. Ihnen genügt normale Blumenerde und alle paar Tage brauchen sie natürlich Wasser zum Trinken.

Ein sonniges Plätzchen

Je sonniger der Platz ist, an dem die Kräuter wachsen, desto stärker duften sie. Woran das liegt? Die herrlich duftenden ätherischen Öle sind für ihre Blätter eine Art natürlicher Sonnenschutz. Deshalb solltet ihr sie möglichst immer an sonnigen Tagen ernten.

Lavendel ist eine ▶ schön blühende Parfum- und Gewürzpflanze.

◀ Pfefferminze steckt in fast jedem Kaugummi. Sie ist eine uralte Heil- und Gewürz- pflanze.

TIPP

Nach dem Ernten wachsen die Kräuter wieder nach. Aber bitte nie alle Stängel auf einmal ernten. Und nicht vergessen, regelmäßig zu gießen.

▲ Die flauschig-weichen Blätter der Zitronenmelisse duften beim Zerreiben nach Zitrone.

Pfefferminzquark

Frische Kräuter passen perfekt in einen sommerlichen Kräuterquark. Der schmeckt lecker zu Kartoffeln oder auf dem Brot.

IHR BRAUCHT

- 10 Blätter Pfefferminze
- 5 Blätter Zitronenmelisse
- 10 Blätter Lavendel
- 200 g Quark
- 3 Esslöffel Naturjoghurt
- 1 Esslöffel Honig
- 1 Rührschüssel
- 1 Kochlöffel
- Zum Verzieren eignen sich Lavendelblüten

So geht's:

Achtet beim Ernten der Kräuter auf beschädigte Blätter – sie werden nicht benutzt. Am besten legt ihr die geernteten Kräuter in einen Korb, damit ihr sie nicht zerdrückt.

▲ Kräuter richtig ernten …

… und fein ▶ schneiden.

Kräuter sollten immer frisch verarbeitet werden. Habt ihr gerade keine Zeit, so könnt ihr sie auch erst einmal einfrieren, das schadet dem Aroma nicht. Vor der Verarbeitung spült ihr die Kräuter kurz unter kaltem Wasser ab, um sie von Sand und Schmutz zu befreien. Kurz abschütteln und dann so fein schneiden wie möglich.

▼ Den Quark anmischen ...

Die Quarkspeise bereiten

Für die Quarkmischung gebt ihr Quark, Joghurt und Honig in eine Schale. Kräftig rühren, bis eine gleichmäßige Masse entsteht. Gebt die geschnittenen Kräuter zu der Quarkmasse und hebt sie gründlich darunter, bis alles gleichmäßig vermischt ist. Wenn ihr mögt, könnt ihr euren Kräuterquark zum Schluss noch mit essbaren Blüten verzieren. Das sieht hübsch aus und schmeckt wirklich gut. Geeignet sind hierfür die Blüten von Lavendel oder Gänseblümchen.

▼ ... und Kräuter zufügen.

Verziert mit Blüten ▶
schmeckt's besonders gut!

Erfrischender Sommertee

Die Blätter kurz unter kaltem Wasser abspülen, in eine Tee-kanne geben und mit kochendem Wasser übergießen. Fünf Minuten ziehen lassen und dann die Blätter herausfischen – sonst wird der Tee bitter. Der Sommertee kann mit Honig gesüßt werden. Er schmeckt auch kalt sehr lecker!

IHR BRAUCHT

- 10 Blätter Zitronenmelisse
- 5 Blätter Pfefferminze
- 5 Blätter Lavendel
- 1 Teekanne
- kochendes Wasser

▲ Das Wasser für Tee sollte immer sprudelnd kochen. Lasst euch beim Einfüllen von einem Erwachsenen helfen!

▼ Kräutertee ist ein gesunder Durstlöscher.

Schnuppert mal: Jeder Mensch empfindet unterschiedliche Düfte als angenehm! ▶

Duftkissen für süße Träume

Ein Duftkissen aus Kräutern ist ein schönes Geschenk – oder es sorgt auf eurem eigenen Nachttisch für süße Träume. Schneidet zwei bis drei Stängel von jedem eurer Kräuter. Bindet sie zu kleinen Sträußen und hängt sie zum Trocknen auf. Faltet das Stück Stoff einmal in der Mitte und näht es bis auf eine Seite zu. Hier hinein gebt ihr eure getrockneten Blätter und Blüten. Füllt das Kissen mit etwas Filzwolle oder Füllwatte auf. Nun nur noch zunähen und fertig ist euer Duftkissen!

IHR BRAUCHT

- getrocknete Kräuter und Blüten (z. B. Lavendel, Pfefferminze, Kamille oder Rosenblätter)
- 1 Stück Stoff (ca. 10 x 20 cm)
- Nadel und Faden
- etwas Filzwolle oder Füllwatte

Füllt eure getrockneten Lieblings- kräuter in ein Duftkissen. ▼

TIPP

Ihr könnt euer Duftkissen natürlich auch mit vielen weiteren, fein duftenden Blüten und Blättern ergänzen. Wichtig ist, dass alles gut getrocknet ist, bevor ihr es in das Kissen füllt.

Wo so viele Blumen einer Art blühen, da dürft ihr ruhig einen Strauß pflücken.

So schmeckt der Sommer

Der Holunder ist ein wahrer Wunderstrauch: Aus seinen süß duftenden Blüten könnt ihr im Sommer leckeren Sirup und erfrischende Limonade mixen.
Im Herbst verwandeln sich seine Blüten dann in kleine, schwarzrote Beeren – die wichtigste Zutat für einen köstlichen Herbstpunsch (siehe Seite 34–37).

Bitte nicht waschen!

Die Blüten des Holunders locken mit ihrem Duft viele kleine Käfer und andere Tierchen an. Schüttelt die Blüten nach dem Ernten kräftig aus, um sie davon zu befreien. Nicht waschen, da das Aroma im feinen Blütenstaub sitzt!

Holunderblüten sind winzig klein und stehen dicht gedrängt in einer duftenden Blüten-▼ dolde.

Holunderblütensirup

Aus Holunderblüten lässt sich ein leckerer Sirup herstellen. Er eignet sich sehr gut zum Verfeinern von Getränken und Süßspeisen.

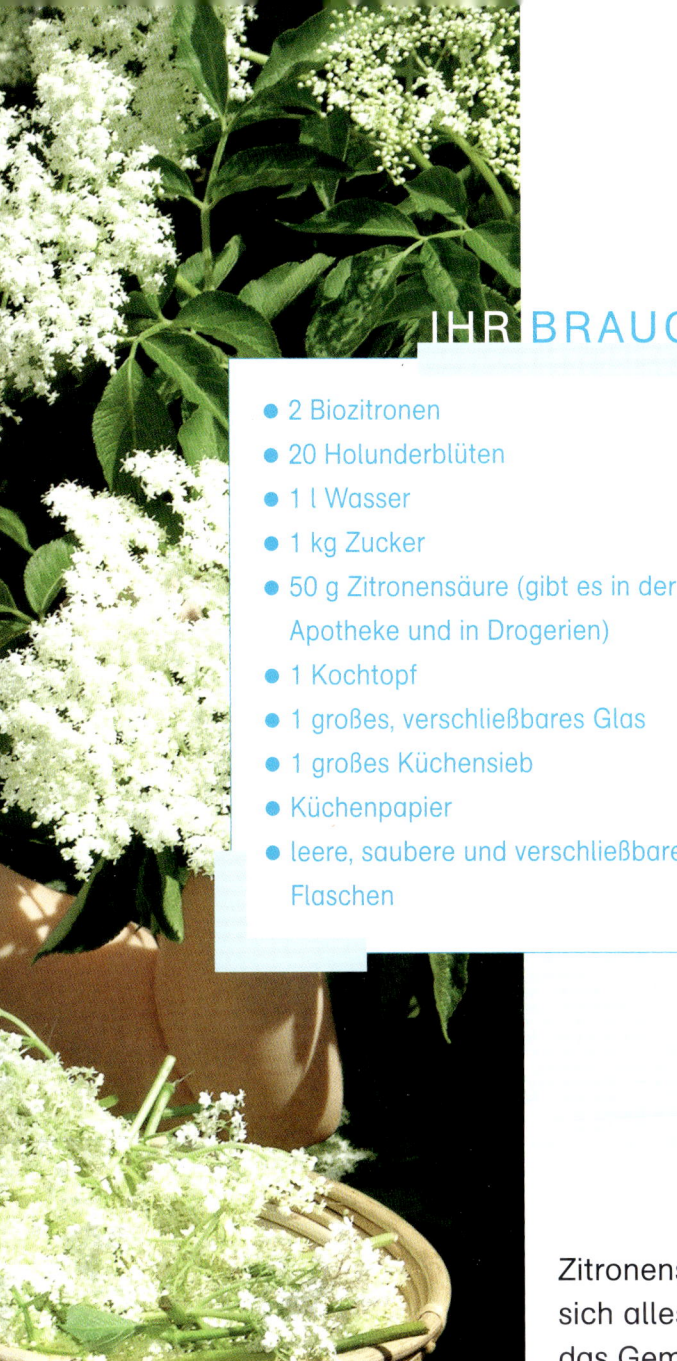

IHR BRAUCHT

- 2 Biozitronen
- 20 Holunderblüten
- 1 l Wasser
- 1 kg Zucker
- 50 g Zitronensäure (gibt es in der Apotheke und in Drogerien)
- 1 Kochtopf
- 1 großes, verschließbares Glas
- 1 großes Küchensieb
- Küchenpapier
- leere, saubere und verschließbare Flaschen

▲ Achtet darauf, dass Zitronen und Holunder mit Flüssigkeit bedeckt sind!

So geht's:

Wascht die Zitronen und schneidet sie in Scheiben. Gebt Zitronenscheiben und gesäuberte Blüten in das Glas. Nun erwärmt ihr Wasser, Zucker und Zitronensäure im Kochtopf, bis sich alles aufgelöst hat. Gießt das Gemisch über die Holunderblüten und die Zitronenscheiben. Drei Tage bei Raumtemperatur ziehen lassen und dabei einmal täglich umrühren. Legt Küchenpapier in das Küchensieb und gießt den Sirup hindurch. Kocht ihn einmal kurz auf und füllt ihn dann in die sauberen Flaschen. Im Kühlschrank ist der Sirup ein Jahr lang haltbar.

Holunderlimo

Das geht im Handumdrehen: Gebt einen kräftigen Schluck Holunder-blütensirup in ein Glas, evtl. Eiswürfel dazu und füllt das Glas mit sprudelndem Mineralwasser auf. Mit einer Zitronenscheibe verzieren – fertig ist euer ganz persönlicher Sommerdrink!

IHR BRAUCHT

- 1 Esslöffel Holunderblüten-sirup pro Glas (siehe Rezept auf Seite 21)
- Wasser oder Mineralwasser
- Zitronenscheiben von unge-spritzten Zitronen
- evtl. Eiswürfel

IHR BRAUCHT

- 2 Eier
- 200 g Mehl
- ¼ l Milch
- 1 Esslöffel Zucker
- 10 Holunderblüten
- 1 Schneebesen oder
  1 Rührgerät
- 1 Pfanne
- 1 Grillzange
- Öl zum Ausbacken

Holunderküchle

Aus Holunderblüten könnt ihr nicht nur leckere Getränke zubereiten, sondern auch feines Gebäck. Probiert es selbst!

So geht's:

Vermischt Eier, Mehl, Milch und Zucker zu einem glatten Teig. Erhitzt dann etwas Öl in der Pfanne. Taucht eine Holunderblütendolde kurz in den Teig und lasst sie abtropfen. Legt sie in die Pfanne mit dem heißen Öl und backt sie von allen Seiten, bis sie knusprig braun ist.

◀ Blütendolden in Teig tauchen …

◀ … und knusprig braun backen.

ACHTUNG

Heißes Fett kann spritzen. Lasst euch beim Backen von einem Erwachsenen helfen!

◀ Am besten noch warm verzehren!

Süße Beerenträume

Im Juli und August sind an Wald- und Wegesrändern die wilden Erdbeeren und Himbeeren reif. Erdbeeren wachsen tief unten am Waldboden, Himbeeren hängen an buschigen Ranken. In Schweden backen die Kinder sonntags nach dem Waldspaziergang daraus feine Früchtebrötchen. Wir verraten euch das Rezept!

ACHTUNG

Auch wenn es sehr verlockend ist, solltet ihr die Früchte nicht sofort verzehren, sondern immer erst nach sehr gründlichem Waschen. Besonders Früchte, die am Boden wachsen, könnten mit Eiern des Fuchsbandwurms verunreinigt sein. Wer wirklich sicher sein will, kocht die Früchte vor dem Essen.

Wilde Erdbeeren ▶ und Himbeeren sind viel kleiner als die aus dem Supermarkt. Dafür schmecken sie aber süßer und intensiver – ihr braucht also nicht so viele davon.

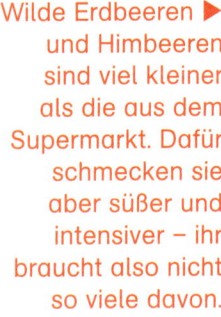

Wo wachsen die süßesten Früchtchen?

Wer unter euch findet die meisten Wildfrüchte? Schaut besonders an Waldrändern und auf Lichtungen. Dort lohnt sich die Suche eigentlich immer, weil die Früchte hier besonders viel Sonne zum

AUFGEPASST

- Pflückt nur Früchte, die ihr wirklich kennt!
- Bevor ihr Früchte aus der Natur probiert, zeigt sie immer einem Erwachsenen!
- Pflückt keine Früchte an befahrenen Straßen oder in „Hundepipi-Höhe"!
- Vor dem Essen die Früchte gut abwaschen!

TIPP

Eimerchen zum Transportieren der Früchte nicht vergessen!

Reifen tanken konnten. Wildfrüchte stecken übrigens voller
Vitamine. Ihr solltet sie immer
vorsichtig transportieren und
möglichst bald verarbeiten, da
sie schnell vermatschen und
nicht lange haltbar sind.

Gute Augen ▶
und etwas
Geduld sind zum
Ernten wilder
Früchte nötig!

Sommerfrüchtebrötchen

Frische Früchte lassen sich wunderbar in Brötchenteig einbacken. Das geht schneller als ein Kuchen und schmeckt toll fruchtig! Reife Früchte erkennt ihr daran, dass sie sich ganz einfach von der Pflanze ablösen lassen. Geht das nicht, so lasst sie lieber hängen, sie müssen dann noch nachreifen.

Übrigens funktioniert unser Rezept auch mit Vollkornmehl. Wird der Teig damit zu fest, einfach ein paar Esslöffel Milch zugeben. Besonders lecker schmecken die Brötchen zu einem Tee aus selbst gesammelten Kräutern (Rezept Seite 18).

IHR BRAUCHT

- 300 g Himbeeren oder Erdbeeren
- 500 g Mehl
- 1 Esslöffel Backpulver
- ½ Teelöffel Salz
- 75 g klein geschnittene Butter
- 200 ml Milch
- 100 ml Wasser
- 1 Rührschüssel
- Backblech und Backpapier

▲ Vermischt Mehl, Backpulver, Salz und Butter zu einem krümeligen Teig.

▲ Nun gebt ihr Milch und Wasser hinzu. Knetet den Teig kurz durch.

3

◀ Jetzt werden die Früchte in den Teig gegeben. Besonders lecker ist es, wenn ihr die Früchte ordentlich hineinknetet.

Formt 20 kleine Brötchen aus dem Teig und setzt sie auf ein gefettetes ▼ Backblech oder auf Backpapier.

4

5

Eine halbe Stunde bei 175 °C backen. ▶ Die leckeren Brötchen können warm oder kalt gegessen werden.

Apotheke am Wegesrand

Urvölker wie die Indianer mussten gut über Heilpflanzen Bescheid wissen. Denn eine Apotheke gab es bei ihnen nicht. Die brauchten sie auch nicht, denn alles, was sie benötigten, fanden sie gleich nebenan in der Natur! Ihr glaubt, das könnt ihr nicht? Es ist viel einfacher, als ihr denkt!

STECKBRIEF

Blütezeit: Mai bis Oktober
Typisch: lange, spitze Blätter
Hier findet ihr ihn:
an Wegesrändern
Hilft gegen: blutende Wunden, Stiche und (als Tee oder in Honig) Husten
Das sammelt ihr: Blätter

Spitzwegerich: Indianerpflaster und Hustenmedizin

Der Spitzwegerich ist sehr häufig und wächst praktisch an jedem Wegesrand – sogar in der Stadt. Doch kaum einer weiß, was für eine tolle Heilpflanze er da übersieht! Es gibt praktisch nichts Besseres gegen blutige Wunden, Stiche und sogar gegen Husten.

Ihr könnt die Blätter auch zwischen Steinen ▼ zerquetschen.

Wächst mit ▶ spitzen Blättern an Wegesrändern: der Spitzwegerich.

Kühlendes Pflaster

Zerquetscht drei Blätter und
legt den Brei auf die betroffene
Stelle. Umwickelt die Stelle
wenn möglich noch mit drei
bis vier Blättern und knotet
zum Befestigen einen Gras-
halm drum herum. Schmerz
und Juckreiz verschwinden und
Wunden heilen viel schneller.

Erdkammersirup

Wegerichhonig hilft toll gegen
Husten! Zupft eine Handvoll
Blätter klein und schichtet sie
abwechselnd mit flüssigem
Honig in ein Marmeladenglas,
bis das Glas voll ist. Nun grabt
ihr ein 50 Zentimeter tiefes
Loch und lasst den Honig drei
Monate darin ruhen. Anschlie-
ßend grabt ihr ihn aus und
träufelt ihn durch ein Sieb in
ein sauberes Marmeladenglas.
Den Honig kühl aufbewahren.
Er hält den ganzen Winter über.
Schmeckt lecker im Tee oder
auf Brot.

▲ Ein Honig
aus Spitzwegerich
muss drei Monate
unter der Erde
ruhen.

Beifuß: Des Wanderers Freund

Die ältesten Naturvölker Europas und sogar die Griechen und Römer schätzten ausgerechnet den unscheinbaren Beifuß als eine ihrer mächtigsten Zauberpflanzen. Und das Beste: Da er fast überall wächst, ist er heute noch als wilde Wiesenapotheke sehr gut zu gebrauchen!

STECKBRIEF

Blütezeit: Juli bis August

Typisch: Blätter von unten weißfilzig

Hier findet ihr ihn: an Wegesrändern und auf Wiesen

Hilft gegen: müde, schmerzende Füße

Das sammelt ihr: Blätter, Blüten und Wurzeln

Unscheinbar, graugrün und struppig wächst der Beifuss an fast jedem Wegesrand.

„Bist du schlecht zu Fuß, nimm Beifuß!" sagt ein altes Sprichwort. Tatsächlich wirkt der Beifuß mit seinen heilsamen, ätherischen Ölen erfrischend auf müde Füße.

Nie mehr schmerzende Füße

Tun eure Füße weh vom vielen Wandern? Als Erste Hilfe für unterwegs einfach einige Blätter abzupfen und unter die Fußsohle in den Schuh legen – das macht eure Füße garantiert wieder munter. Vergesst nicht, einige Blätter mit nach Hause zu nehmen: Ein Fußbad nach der Wanderung wirkt wahre Wunder! Füllt einen Kochtopf mit zwei Litern Wasser, fügt reichlich Beifußblätter hinzu und lasst den Sud zehn Minuten köcheln. Etwas abkühlen lassen und durch ein Sieb ins Fußbad geben.

▲ Das kühlt, erfrischt und lindert auf langen Wanderungen!

STECKBRIEF

Blätter: große Blätter, die aussehen wie Hände – nur viel größer!

Typisch: Kastanienfrüchte, die in einer grünen stacheligen Hülle stecken

Das sammelt ihr: reife Kastanien

Sammelzeit: September/Oktober

Das wärmt

Füllt einfach einen kleinen Kissenbezug mit den getrockneten Kastanien. Habt ihr Bauchweh oder kalte Füße, so legt das Kissen 20 Minuten lang bei 150 °C in den Backofen und legt es auf die betreffende Stelle eures Körpers. Kastanien sind in der Lage, Wärme zu speichern und nach und nach abzugeben. Das tut unglaublich gut.

▲ Fühlt mal: Frisch vom Baum gefallene Kastanien sind wunderbar glatt und weich.

Kastanien gegen Bauchweh

Sammelt ihr auch so gern Kastanien? Dann solltet ihr in diesem Herbst unbedingt einen kleinen Eimer voll Kastanien auf eurer Fensterbank in der Sonne trocknen lassen. Denn Kastanien sind ein altes, bewährtes Hausmittel gegen Bauchweh.

▲ Ein Wärmekissen aus Kastanien ist ruck, zuck fertig!

IHR BRAUCHT

- 10 Kastanien
- 1 großes, leeres Gurkenglas oder eine Glasschüssel
- 1 l Leitungswasser
- 1 Nussknacker
- 1 Messer
- 1 Brettchen

◀ Kastanienseife macht Hände sauberer und weicher als jede herkömmliche Seife!

Naturseife aus Kastanien

Unsere Kastanienseife säubert und pflegt gleichzeitig – und ist dabei ganz leicht herzustellen: Zuerst knackt ihr die harte, braune Schale der Kastanien wie bei einer Nuss. Innen kommt der helle Kastanienkern zum Vorschein. Er ist ungefähr so hart wie das Innere einer Nuss. Schneidet die hellen Kerne in möglichst kleine Stücke, gebt sie in ein Glas und übergießt sie mit Wasser. Das Wasser färbt sich sofort gelblich und wenn ihr mit den Händen kräftig rührt, entsteht Schaum. So macht Händewaschen Spaß!

◀ Kastanien knacken …

▼ … klein schneiden …

… und mit Wasser übergießen. ▶

Das wärmt: köstlicher Herbstpunsch

Ab Mitte August ist es endlich so weit. Aus den klitzekleinen Blüten des Holunderstrauchs sind lauter kleine, schwarzrote Beeren geworden. Sie sind ebenso schmackhaft und gesund wie der Sirup aus seinen Blüten (siehe Seite 20/21). Wir verraten euch, wie ihr ganz einfach einen wunderbar wärmenden Herbstpunsch zubereiten könnt. Der stärkt eure Abwehrkräfte und schmeckt einfach unvergleichlich!

Holunderbeeren sind reif, wenn sie tief schwarzrot sind und fast von allein ▼ abfallen.

So sehen die Beeren aus

Holunderbeeren sind praktisch unverwechselbar. Es hängen immer ganz viele, schwarzrot glänzende Früchte in einer dichten Dolde zusammen. Jede einzelne Frucht ist kleiner als eine Erbse. Riecht mal an den Holunderblättern: Sie stinken!

ÜBRIGENS...

In manchen Gegenden sagt man statt „Holunderbeeren" auch „Fliederbeeren" – gemeint ist ganz genau das Gleiche!

Schneidet die ganze Dolde

Zum Ernten braucht ihr einen Eimer und eine Schere. Mit der Schere schneidet ihr am besten immer die ganze Dolde ab. Jede Frucht einzeln zu pflücken ist viel zu mühsam! Da zerquetschte Holunderbeeren ganz schön färben, solltet ihr zum Ernten lieber alte Sachen anziehen.

▲ Da die kleinen Holunderbeeren immer in dichten Dolden zusammen wachsen, sind sie schnell geerntet.

Fleißig „stribbeln"

Um die Beeren von der Dolde zu trennen, gibt es einen einfachen Trick: Durchstreift einfach die Dolde mit einer Küchengabel – so lösen sich die Beeren ganz einfach.

IHR BRAUCHT

- ca. ½ Eimer voll Holunder- beeren (Eimer und Schere zum Ernten nicht vergessen)
- Wasser
- 3–4 Äpfel
- ½ Teelöffel Zimt
- 1 Esslöffel Zucker
- 1 Kochtopf
- 1 Sieb
- 1 Kochlöffel

So geht's:

Füllt die Holunderbeeren in einen Kochtopf und gießt Wasser hinzu, bis die Früchte bedeckt sind. Schneidet die Äpfel in Scheiben und gebt sie mit dem Zimt und dem Zucker in den Topf. Köchelt den Punsch zehn Minuten auf kleiner Flamme. Nun müsst ihr den fertigen Punsch nur noch durch ein Sieb in Gläser füllen. Mhmmmmm ... lecker!

▲ Mit einer Gabel trennt ihr die Beeren von den Stielen.

Punsch am Lagerfeuer

Überredet eure Eltern doch
mal zu einem kleinen Lagerfeuer. Hier schmeckt ein frisch
gekochter Holunderpunsch
besonders gut. Ihr müsst nur
ein paar flache Steine um die
Feuerstelle legen und einen
Grillrost daraufstellen – fertig
ist euer Herd!

◀ Neben dem
Punschtopf
könnt ihr ganz
bequem ein
paar Brötchen
aufbacken.

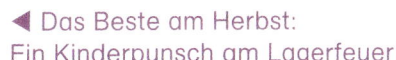

◀ Das Beste am Herbst:
Ein Kinderpunsch am Lagerfeuer!

◀ Holunder-
punsch lässt
sich noch mit
allerlei getrock-
neten Früchten
wie Rosinen,
Hagebutten
oder auch mit
Apfelschalen
verfeinern.

Alles selbst gemacht: Apfelchips und Apfeltrockner

Zur Apfelerntezeit im Herbst gibt es oft viel mehr Äpfel, als man überhaupt essen kann. Getrocknete Apfelchips schmecken lecker und halten den ganzen Winter über! Mit einem selbst gebastelten Apfeltrockner könnt ihr euch nach und nach einen ganzen Vorrat Apfelchips für den Winter anlegen.

IHR BRAUCHT

- 4 Bretter 40 x 15 cm, 2,5 cm dick
- 2 Zweige oder Rundhölzer
- 12 Nägel, 5 cm lang
- Holzleim
- 1 Bleistift
- 1 Handsäge
- 1 Hammer
- 1 Zange, falls mal ein Nagel krumm wird
- evtl. Wasserfarbe und Pinsel zum Verzieren

So geht's:

Zeichnet zwei Schlitze von 1,5 Zentimeter Breite auf eines der Bretter. Die Schlitze sollten jeweils etwa zehn Zentimeter vom oberen und vom unteren Rand entfernt sein. Wichtig ist, dass sie bis zur Brettmitte reichen und schräg verlaufen. Sägt nun die Schlitze ins Brett und benutzt es hinterher als Schablone für das zweite Brett. Sägt auch hier die Schlitze hinein. Diese beiden Bretter mit den Schlitzen sind die Seitenwände eures Apfeltrockners. Die anderen zwei Bretter ohne Schlitze bilden den Boden und das Dach. Am besten legt ihr euch die Bretter so zurecht, wie ihr sie danach zusammennageln müsst, und gebt etwas Holzleim auf die Verbindungsstellen. So hält nachher alles besser. Jetzt könnt ihr mit den Nägeln die Bretter zusammenhämmern. Für jede Verbindungsstelle braucht ihr drei Nägel.

◄ Schlitze aufzeichnen ...

▲ ... und aussägen.

TIPP

Damit die Bretter beim Nageln nicht spalten, einmal kurz und sanft mit dem Hammer oben auf die Nagelspitze schlagen!

TIPP

Gemeinsam geht es leichter: Sucht euch einen erwachsenen Helfer zum Festhalten der Bretter, während ihr sägt und hämmert.

  ▼ Leim drauf ...

... und zusammennageln. ▶

Wenn der Rahmen für den Apfeltrockner fertig ist, müsst ihr nur noch die Rundhölzer in die Aussparungen einpassen. Dazu legt ihr je einen Zweig oder einen Rundstab in die Schlitze ein und schneidet ihn auf die richtige Länge.

Nun könnt ihr noch nach Lust und Laune euren Apfeltrockner mit Wasserfarben verzieren. Sieht er nicht toll aus? Jetzt fehlen nur noch die Apfelringe! Übrigens: Der beste Platz für euren Apfeltrockner ist auf einer halbsonnigen Fensterbank.

▲ Rundstäbe einpassen ...

▲ ... nach Lust und Laune mit Wasserfarben verzieren ...

... und fertig ist der Apfeltrockner! ▶

IHR BRAUCHT

- Äpfel
- 1 Kerngehäuse-ausstecher
- 1 kleines Küchenmesser oder 1 Apfelschäler, der dies automatisch für euch macht (gibt es im Haushaltswarengeschäft oder im Internet)

▲ Zuerst wird das Kerngehäuse entfernt.

▲ Praktisch ist so ein Apfelschäler: Er holt das Kerngehäuse heraus, schält den Apfel und schneidet ihn sogar gleich in Scheiben.

So macht ihr die Apfelchips

Entfernt die Kerngehäuse aus den Äpfeln. Schält die Äpfel und schneidet sie dann in Scheiben. Zum Schluss fädelt ihr die Apfelringe auf die Zweige und lasst sie vier bis fünf Tage trocknen. Bewahrt sie dann in einem leeren, sauberen Marmeladenglas auf. Schmeckt fruchtig-lecker im Müsli oder auch pur zum Naschen. Guten Appetit!

▼ Apfelringe auffädeln und auf der Fensterbank trocknen lassen.

Nüsse selber ernten, mahlen und rühren

Heimische Haselnüsse sind viel kleiner als ▼ die gekauften.

▲ Ab Oktober findet ihr die reifen Haselnüsse auch am Boden unter dem Haselstrauch.

Wenn im September die Haselnüsse reif sind, solltet ihr sie bald ernten – Eichhörnchen und Eichelhäher warten nur darauf, die nahrhaften Leckerbissen zu pflücken und als Wintervorrat zu verstecken.

Nuss-Schoko-Creme

Süß kann gesund sein! Unser leckeres Rezept funktioniert natürlich auch mit gekauften Haselnüssen aus dem Supermarkt!

IHR BRAUCHT

- 100 g gemahlene Haselnüsse
- 100 g Butter
- 1 Esslöffel Kakaopulver
- 1 Esslöffel Zucker
- 1 Esslöffel Honig
- 1 Päckchen Vanillezucker
- 1 Nussknacker
- 1 Handmühle oder 1 Küchenmaschine zum Reiben der Nüsse
- 1 Kochtopf
- 1 Löffel
- 1 leeres, sauberes Marmeladenglas

So geht's:
Zuerst müsst ihr die Nüsse knacken. Nun reibt ihr die geschälten Nüsse entweder mit einer Handmühle oder mit der elektrischen Küchenmaschine. Je feiner ihr die Nüsse reibt, desto cremiger wird eure Nuss-Schoko-Creme. Gebt nun alle Zutaten in einen Kochtopf und erhitzt sie auf ganz kleiner Flamme.

Zum Schluss füllt ihr die Creme noch warm in ein leeres, sauberes Marmeladenglas. Im Kühlschrank aufbewahrt ist eure Nuss-Schoko-Creme gut zwei Wochen lang halt-bar. Guten Appetit!

▼ Nüsse knacken ...

▼ ... und fein mahlen.

WISSEN

Haselnüsse spielten schon in der Ernährung der Steinzeitmenschen eine wichtige Rolle, denn sie sind nicht nur schmackhaft, sondern lassen sich auch gut über den Winter lagern. Zu ihren wichtigsten Inhaltsstoffen zählen wertvolle ungesättigte Fettsäuren, Vitamine, Magnesium, Eisen und Calcium.

WICHTIG

Die Masse soll nicht kochen. Es geht nur darum, dass Butter und Zucker schmelzen und sich alle Zutaten zu einer Creme verrühren lassen. Immer fleißig rühren, damit die Creme nicht ansetzt!

▲ Restliche Zutaten einrühren, erwärmen und die Creme in ein Glas füllen.

Fertig ist ein ▶ leckerer Brotaufstrich.

Sonnenblumenkerne wachsen in Sonnen-
▼ blumen.

▲ Mit euren Dau-
mennägeln könnt
ihr Sonnenblumen-
kerne ganz einfach
von ihrer Schale
befreien.

Nusspesto

„Pesto" kommt aus der italieni-
schen Küche und bedeutet so
viel wie „Zerstampftes". Gemeint
sind damit köstliche Saucen
aus zerstampften Nüssen oder
Kernen, die roh zubereitet und
dann kalt zu Nudeln gegessen
werden. Am besten schmeckt es
natürlich, wenn ihr die Zutaten
selber sammelt! Dazu braucht ihr
frische Walnüsse und Sonnenblumenkerne.

Im September sind im Inneren
der Sonnenblume ihre Samen
herangereift. Sie heißen „Sonnenblumenkerne". In einer einzigen
Sonnenblume können 1000
solcher Kerne heranreifen. Ein
Kern ist ungefähr 1,5 Zentimeter
lang.

IHR BRAUCHT

- 50 g Walnüsse
- 50 g Sonnenblumenkerne
- 50 g Hartkäse (Parmesan)
- 150 ml Sonnenblumenöl
- etwas Salz
- 1 Nussknacker
- 1 Messer
- 1 Wiegemesser
- 1 Schüssel
- 1 Kochlöffel
- 1 Käsereibe
- 1 kleines, leeres Marmeladenglas

▼ Ist die Walnuss reif, so platzt die grüne Schale auf.

Ab Oktober ▶
findet ihr unter dem
Walnussbaum die
reifen Walnüsse.

▲ Walnüsse hängen im Herbst am
Walnussbaum wie grüne Weihnachts-
baumkugeln.

◄ Walnüsse knacken ...

◄ ... zusammen mit den Sonnenblumenkernen klein hacken ...

So geht's:

Zuerst müsst ihr die Walnüsse mit einem Nussknacker knacken. Befreit dann die Sonnenblumenkerne mit euren Fingernägeln von ihrer Schale. Hackt nun die Walnüsse und die Sonnenblumenkerne so fein wie möglich. Als Nächstes müsst ihr den Hartkäse mit der Reibe ganz, ganz fein raspeln.

Gebt den geriebenen Käse in eine Schüssel und übergießt ihn mit dem Öl. Gut umrühren. Jetzt fügt ihr die restlichen Zutaten hinzu und rührt kräftig um – und schon ist euer Pesto fertig, denn es wird ja nicht gekocht! Füllt es in ein leeres, sauberes Glas und bewahrt es im Kühlschrank auf. Es ist etwa zwei Wochen lang haltbar.

▲ ... und den Käse reiben.   ▲ Öl darübergießen ...

◄ ... und zum Schluss alle Zutaten vermengen. Das fertige Pesto wird in einem Glas im Kühlschrank aufbewahrt.